Alfred Reichel
Bier-Lyrik

© 2014, Alfred Reichel
Layout, Satz & Umschlaggestaltung: Malte Reddig
Herstellung und Verlag: Books on Demand GmbH, Norderstedt
ISBN 978-3-7322-9585-2

Bibliografische Information der Deutschen Nationalbibliothek
Die Deutsche Nationalbibliothek verzeichnet diese Publikation
in der Deutschen Nationalbibliografie; detaillierte bibliografische
Daten sind im Internet über www.dnb.de abrufbar.

*Dem Bier und dem
Leben gewidmet.*

Vorwort des Autors

Die Trilogie war gestern - vier Bände sind's jetzt. Nach dem letzten, dachte ich, zunächst eine längere Pause einzulegen. Aber die Freude am Biertrinken und Reimen aufs nächste Buch waren zu groß. *Bier-Lyrik* enthält ein Sammelsurium an bierigen Höhenpunkten, Begebenheiten und Erkenntnissen. Diesmal haben die Gedichte meist mit Bier und Liebe, Bier und Zeitgeschehen (September 2013 – Mai 2014) bzw. Bier und Alltäglichem zu tun.

Mein Traum - Edward Snowden bekommt den Friedens- und ich bekomme den Literaturnobelpreis - wurde 2013 noch nicht wahr. Aber wer weiß, vielleicht klappt's ja dieses Jahr oder nächstes oder übernächstes Jahr…

Ich möchte mit weiteren Ausführungen nicht zu sehr langweilen und wünsche allen Lesern viel Spaß und viel Freude beim Genuss der Gedichte und beim (maßvollen) Genuss von Bier. Man kann zwar viel über Liebe und Bier reden und schreiben, man sollte aber auch (zumindest hin und wieder) lieben und Bier trinken. Die Kombination von Theorie und Praxis ergänzt sich dann aufs Beste.

Ina Rada danke ich für die gelungenen Illustrationen sehr herzlich.

Weil der Stadt, im Mai 2014　　　　　　　　　Alfred Reichel

1
Glücklich

Rote Lippen, roter Wein,
mit guten Freunden zusammen sein,
gutes Essen obendrein,
dann noch ein Bier hinterdrein,
mehr braucht's nicht zum Glücklichsein.

2
Herz-Schmerz

Herz-Schmerz,
der muss nicht lange sein.
Herz-Schmerz.
Trink sechs Bier oder eine Flasche Wein.
Herz-Schmerz.
Schon siehst du alles doppelt und bist nicht mehr allein.

3
Dichten mit Bier

Ich hole mir jetzt ein Bier
und auch ein Blatt Papier.
Das Bier ist am Schäumen.
Ich fange an zu träumen.
Manchmal wird aus dem Traum dann ein Gedicht.
Manchmal aber auch nicht.

4

Emanzipation

Die Mama spricht zum Papa:
„Geh in den Keller und hol Bier.
Hol gleich deren vier.
Für dich zwei
und für mich zwei.
Die Zeiten sind vorbei als du trankst eins
und ich bekam keins."

5

Platonisch

Platonische Liebe ist wie alkoholfreies Bier
- Nichts Halbes und nichts Ganzes.
Hin und wieder zwar gefallen sie mir,
aber beiden fehlt 'was Interessantes.
Drum sehne ich mich wie verrückt, meine Freundin zu küssen
und im Bier etwas Alkohol möchte ich meist auch nicht missen.

6
Bescheuert

Das Leben ist schon bescheuert.
Das Bier ist überteuert.
Die Arbeit macht heut auch keinen Spaß.
War sonst noch was?
Es gibt auch Gutes, ich vergaß:
Gott sei Dank, gibt's nämlich dich
für mich.

7
Bier und Liebe

Mir wird immer wieder wunderbar
gewahr:
Fürwahr,
was sind Bier und Liebe doch für ein schönes Paar.
Hab Schmetterlinge im Bauch,
Durst auch.
Beides „bekämpfen" wir
nachher mit Lieben und Bier.

8
Prost Welt

Als ein in Stuttgart geborener Weil der Städter, zusammen
mit Freunden, die aus Asien, Afrika und Europa stammen,
mit englischem Bier und Eurogeld
in Viareggio unterm Sternenzelt –
rufe ich: Auf unser aller Wohl! Prost Welt!

9
Lieben und Bier trinken

Lieben ist wie Bier trinken.
Ich trinke und trinke
und bekomme nicht genug davon.

Bier trinken ist wie lieben.
Ich liebe und liebe
und bekomme nicht genug davon.

Durch zunehmendes Lieben und Trinken von Bier
bekomme ich erst die Gier
nach Bier
und nach dir.

10
Träume

Abends träum ich von Bier.
Morgens träum ich von Bier.
Tagsüber auch.
Ich glaub, dass ich schnell ein Bier brauch.

Außer von Bier
träum ich immerzu von dir.
Das heißt, dass ich auch
dich dringend brauch.

11
Was?

„Ohne Spaß -
was soll ich trinken? Was?"
„Bier – was sonst?!
Am besten umsonst!"

12
Biergeschmack

Sehe ich ein Bier, dann werde ich schwach.
Sensibilisiert werden sofort meine Geschmäcker.
Bier schmeckt ganz einfach.
Ganz einfach lecker!

13
Jetzt

Ein Bier ist das, was ich jetzt brauch.
Und du ja vielleicht auch?!
Dann komm schnell zu mir
und wir trinken zusammen Bier.

14
Heute, nicht morgen

Heute noch jung, morgen schon alt.
Heute noch gesund, morgen vielleicht schon tot und kalt.
Wir leben heute und machen uns heute keine Sorgen.
Wir trinken heute unser Bier und verschieben's nicht auf morgen.
Heute lieben. Heute leben.
Lieben und leben, bloß nicht aufgeben.
Morgen ist noch weit.
Bis dahin bleibt noch etwas Zeit.

15

Liebeserklärungen

Ma coeur -
Du bist für mich der süßeste Bier-Likör.
Mon amour -
Ich liebe dich wie Bier toujour.
Mein Schatz –
Jetzt reich mir das Bier ratzfatz.

16

Größtes Pläsier

Meine Freundin zu lieben,
das ist jetzt nicht übertrieben,
ist wie der erste Schluck Bier an einem Hochsommerabend -
köstlich, erfrischend, belebend und wunderbar labend.
Sie lange Zeit nicht zu küssen,
ist wie im Bierzelt aufs Maß Bier warten zu müssen.
So ist das mit meiner Freundin und mit Bier,
beide sind für mich größtes Pläsier.

17
Das richtige Maß

Zu viel Bier ist ungesund.
Zu viele Bierkalorien machen dich kugelrund.
Zu viel Bier bekommt dir nicht.
Zu viel Bier und du bist dicht.
Zu wenig Bier ist aber auch nicht gut.
Die richtige Menge ist's, die dir gut tut.
Zwischen zu viel und zu wenig
liegt das richtige Maß.
Ich hab noch viel zu wenig,
deshalb füll ich mir jetzt mit Bier mein Glas.

18
Über Bier nur Lob

Ein Bier lässt dich nicht den Müll vors Haus tragen.
Ein Bier stellt keine dummen Fragen.
Ein Bier schmeckt immer lecker.
Von einem Bier kommt nie ein blödes Gemecker.
Mit einem Bier musst du nicht tanzen.
Ein Bier freut sich über deinen wohlgeformten Bierranzen.
Ein Bier findet alle deine Freunde supernett.
Ein Bier hält dich immer für adrett.
Ein Bier sagt nichts, wenn du tourst durch Kneipen.
Ein Bier beschwert sich nicht, wenn du tust dich mit Freunden rumtreiben.
…
Über Bier nur Lob, über Frauen viele Klagen.
Frei nach Goethe wäre hierzu zu sagen:
Bier schafft dir Genuss,
Frauen nur Verdruss.

19
Bier und ich

Bier und ich passen zusammen
wie Stuttgart und sein VfB,
wie der VfB und sein Olé,
wie Linsen und Spätzle,
wie ich und mein Schätzle.
In all den Fällen ist besondere Liebe mit dabei.
In all den Fällen bringt nichts diese Zwei entzwei.
<3 <3 <3

20
Nachts

Wenn ich nachts nicht schlafen kann,
dann fange ich zu dichten an.
Und manchmal – Ei der Daus –
kommt dabei sogar ein Biergedicht heraus.

21
Lebenssinn

Erst Sinn macht das Leben wichtig.
Und zu lieben, das ist richtig.
Nach dir steht mir der Sinn.
Du bist für mich der Hauptgewinn.
Dich liebe ich.
Ich hoffe, du auch mich.
Falls nicht,
dann schreib ich vielleicht nie mehr ein Bier-Liebes-Gedicht.

22
Bierseliger Philosoph

Schön ist's doch auf dieser Welt.
Auf der man bereits für wenig Geld
sich gutes Bier kann kaufen,
um damit dem Alltag etwas davonzulaufen
oder um sich so manche schön zu saufen.
Mit Bier stimmt die Chemie –
immer irgendwie.

23
Bier und Wein

Trink ich heute Bier? Oder trinke ich heute Wein?
Oder lass ich beides sein
und schenke mir heut etwas anderes ins Glas ein?
Nein!
Ich trinke heute Bier und Wein.

24
Rausch

Nach zu viel Bier
verschwimmt's vor Augen dir.
Das letzte Bier ist geleert.
Die Gesichter sind verzerrt.
Alles schwingt und schwankt.
Du hast zu viel Alkohol getankt.
Deine Nerven spielen verrückt,
die Welt ist dir entrückt.
Der Zustand ist dir wohl bekannt.
Der Zustand wird auch Rausch genannt.

25

Skurril

„*Wir trinken wenig Bier, aber dafür oft und viel.*"
Zugegeben, das klingt ziemlich skurril,
aber die Köpfe sind heute schwer.
Klar zu denken, geht nicht mehr.

26

Helden

Die Freunde sitzen in der Kneipe zusammen.
Bereits je zwei Bier lassen ihre Gemüter entflammen.
Sie lachen, erzählen
und schütten aus ihre Seelen.
Sie reden über dies und das.
Ihre Stimmung steigt mit jedem geleerten Glas.
Sie fühlen sich gut, bald fühlen sie sich besser.
Sie werden weiser, sie werden kesser.
Sie philosophieren, informieren, reflektieren,
retten die Welt und diskutieren.
Sie werden zu Helden dieser Nacht,
die sie zusammen und mit viel Bier haben verbracht.
Aber sind sie nach dieser Nacht wieder aufgewacht,
dann werden sie von der Realität wieder angemacht
und von ihren Spiegelbildern gar ausgelacht.
Sie aber freuen sich schon auf das nächste Mal,
wenn's wieder heißt: Trink, erzähl, freu dich - alles andere
ist egal.

27

Abendgebet

Lieber Gott, im Himmel und auf Erden bist du.
Schenk mir meine innere Ruh.
Verzeih mir all mein schlechtes Tun
und lass mich nachher gut ruh'n.
Lieber Gott, du allein,
kannst mich aber vorher noch von meinem Durst befrei'n.
Und falls dein Kellner-Engel nur Englisch kann,
sag ich das Wichtigste jetzt für ihn auf Englisch an:
Please don't forget to bring me beer,
becauce I want this little piece of heaven here ;)

28

Bitte

Lieber Gott – du bist groß und ich bin klein.
Lieber Gott – du machtest aus Wasser Wein.
Lieber Gott – ziemlich durstig stehe ich gerade hier.
Lieber Gott – bitte mache jetzt für mich aus Wasser Bier.

29
Von Schwarzgeld und Schwarzbier

Mancher hat Schwarzgeld in der Schweiz.
Ich hab Schwarzbier im Keller.
Für manche bilden Geld und Bier den größten Reiz.
Nur Gott macht keinen Fehler.

30
Hau weg

Hat man vom brennenden Durst gar viel,
hat man keine Zeit auf ein langes Vorspiel.
Die Flasche schnell aufgemacht
und fix an den Mund gebracht.
Das Bier in wenigen Zügen alle gemacht.
Herrliches Gefühl dann - dieses „Es ist vollbracht",
denn der Durst hat sich davongemacht.

31
Durstlöscher

Zu einem Glas Wein
sag ich nicht nein.
Und gegen den Durst darf's statt Wein,
gerne auch ein Schorle sein.
Aber Bier ist für mich immer noch Durstlöscher Nummer eins.
Unschlagbar gut, wenn mit Bier der Durst gelöscht wird.
Ich sag dann auch meist schnell zum Wirt:
„ Bring mir schnell noch eins."

32
Lebenslust

Das Leben ist so furchtbar öde.
Kalt ist's und es regnet wie blöde.
Ich sitze allein
bei einem Glas Glühwein.
Ich trinke vom Wein,
aber es stellt sich keine gute Stimmung ein.
Besser ist's, ich geh zu dir
und wir trinken Bier.
Nach zusammen mit dir
getrunkenen ein, zwei Flaschen Bier,
kommt dann die Lebenslust wieder zurück zu mir.
Und so haben du und Bier mir schon wie so oft
Lust und Leidenschaft zurückgebracht, wie zuvor erhofft.

33
Ich weiß, was ich will

Ich weiß, was ich will.
Ich will zu dir.
Aber erst mal will ich ein Bier.
Und bin ich dann bei dir
nach dem Bier,
will ich nichts mehr.
Dann bin ich nämlich sehr
zufrieden und glücklich,
was an meinem strahlenden Lächeln wird ersichtlich.
Höchstens noch ein weiteres Bier,
das wünschte ich mir vielleicht bei dir.

34
SSW-Regel

„**S**ommer-**S**onne-**W**eizenbier"
- diese wichtige Regel merk ich mir.
Halte ich mich an diese goldene SSW-Regel,
steigt bei mir der so wichtige Wohlfühlpegel.
Weizenbier, ob mit oder ohne Alkohol,
tut gut und schmeckt mir. Zum Wohl!

35
Herbstbier

Herbstliches Festbier vom Wasen oder der Wiesn
musst du dir unbedingt mal wieder hinter die Binden
gießen.
Erfreu dich an der goldenen Oktoberfarbe im Krug,
dann nimm vom Bier einen laaaangen Zug.
Am besten noch einen hinterher, das ist klug.
Von solch wunderbarem Bier kriegst du so schnell nicht
genug.
So ein Bier verstärkt fürs innere Auge die bunten lebensfrohen Farben.
Herbstbier lässt dich nicht länger am blassen deprimierenden Grau darben.

36
Hoffentlich

Ich hoffe, dir geht's gut.
Hoffe, du hast noch deine positive Lebenswut.
Und die Neugier an allem –
an deinen Mitmenschen vor allem.
Ich hoffe, dir schmeckt das Bier
immer noch genauso gut wie mir.
Melde dich mal wieder.
Dann treffen wir uns, du und ich,
bald schon hoffentlich
und machen ganz bieder
ein paar Flaschen Bier nieder.

37
Bier trinken mit dir

Bist du nicht bei mir,
dann schmeckt mir nicht ganz so gut mein Bier.
Bist du nicht da, schmeckt das Bier oft fad,
in etwa so wie nicht angemachter Kopfsalat.
Bist du bei mir, ist alles attraktiver.
Das Bier schmeckt auch viel intensiver.
Es schmeckt nach Liebe und Lust.
Mein Herz schlägt schneller in der Brust.
Also, trink Bier
mit mir.
Ob du willst oder nicht, du musst.

38
Bier danach

Zigarette danach.
Warum nicht mal ein Bier danach?!
Mir ist danach.
Noch besser auch ein Bier davor!

39
Im Stau

Der Himmel ist grau.
Ich steh im Stau.
Bin auf dem Weg zu dir.
Dort wartest du mit Kuss und Bier.

40
Schieflage

Er konnte weder aufrecht geh'n,
noch gerade steh'n.
Schrecklich, dies mitanzuseh'n.
Er torkelte, er krabbelte.
Unverständliches er babbelte.
Gründe für die schiefe Lage
waren 10 Bier, die er gesoffen hatte an diesem Tage.

41

Nicht gut drauf

Heinz-Gustav ist heut gar nicht gut drauf.
Er macht eine Flasche Bier nach der anderen auf.
Er trinkt, trinkt, trinkt, trinkt
bis er in den Schlaf versinkt.
Er hofft, er wacht morgen auf
und ist dann wieder besser drauf.

42

Vom irren Saufen

Hat man Durst wies Vieh,
dann säuft mancher auch wie sie.
Das Vieh weiß aber, wann es genug hat,
der Säufer aber ist ein Nimmersatt.
Zwischen den Bieren wird er nicht lange verschnaufen,
sondern einfach weitersaufen.
Er will schnell das alkoholische Gift verspüren
und sich rasch in irgendeiner Parallelwelt verlieren.
Letztendlich wird er solange saufen,
bis er nicht mehr in der Lage ist, alleine heimzulaufen.
Ist der Säufer daheim am Bier Saufen,
wird er am nächsten Tag frisches Bier einkaufen.
Maßloses Alkoholtrinken, das ist Saufen
sozusagen Trinken bis zum Überlaufen.
Wenn's oft passiert, dann ist's zum Haare raufen.

43
Was wäre geworden, wenn

Was wäre geworden, wenn
sie besser kommuniziert hätten? Wenn
sie gar zusammengezogen wären? Wenn
sie vielleicht Kinder gehabt hätten? Wenn…
Wenn, wenn, wenn…
Niemand weiß es. Vielleicht aber hätten sie öfter mehr Bier zusammen trinken sollen. Dann säße sie jetzt nicht hier und er dort - weit fort.
Sie wären wohl gerade beim Bier am selben Ort.

44
Wahlkampf 2013

Piep, piep.
Die Merkel hat uns lieb,
der Steinbrück aber au.
Miau, miau.
Mit Piep und Miau tun auch die anderen Parteien nicht geizen.
Ich wähl jetzt aber erst mal ein Hefeweizen.

45
Wählen

Ich freu mich schon aufs Wählen morgen.
Dann geh ich in mein Wahllokal und wähl erst mal ein Hefeweizen.
Danach geht die Zweitstimme vielleicht an ein Schorle rot-sauer.
Da bin ich mir noch unsicher.
Sicher ist aber, dass ich keine alkoholfreien Minderheiten wählen werde.
Geht wählen morgen. Das schafft ihr.
Und danach gönnt euch ein verdientes Bier.
Prost!

46
Bundestagswahl 2013

Die FDP wurde abgestraft.
Sie hat die 5 %-Hürde nicht geschafft.
Sie darf diesmal nicht mitregieren.
Andere sind am Jubilieren.
Mit gut 5 % regiert bei mir
weiterhin mein geliebtes Bier.

47

Marcel Reich-Ranicki (* 2.6.1920 † 18.9.2013)

Marcel Reich-Ranicki ist tot.
Kritiken zu schreiben, war sein täglich Brot.
Jetzt sitzt er vielleicht gerade mit Goethe und Schiller beim himmlischen Bier.
Kommt noch der Böll dazu, dann sind's zusammen vier.
Sie bilden dort das Literarische Quartett;
so was in der Art, das wär doch nett.

48

Manfred Rommel ist tot († 7.11.2013)

Mit Manfred Rommel starb 2013 wieder ein Stück guter alter Zeit.
Er war als Stuttgarter Oberbürgermeister tolerant, liberal und gescheit.
Lasst uns ein neues Stück guter Zeit schaffen.
Und doch, ob gut oder weniger gut - sie wird uns einst auch dahinraffen.
Wer weiß, wie viel Biertrink-Zeit sich für uns Jahr um Jahr noch aneinanderreiht?

49
Manfred Rommel

Ob Manfred oder Alfred,
ob Rommel oder Reichel,
der eine schrieb Geschichte,
der andere nur Biergedichte.

50
Dieter Hildebrandt († 20.11.13)

Dieter Hildebrandt brennt nicht mehr.
Er schießt, notiert und wischt nie mehr.
Wo bekommt man künftig bloß gutes Polit-Kabarett her?
Selbst ein Trauerbier hebt meine Stimmung heut nicht mehr.

51
England – Deutschland 0:1 (am 19.11.2013)

Ausgeholt und angestoßen
auf den Fußballsieg, den famosen.
Rums und klirr
und kaputt ist das alte Biergeschirr.
Das schöne Bier ist auch dahin.
Schnell ein neues, stelle man mir hin.
Scherben bringen Glück.
Ein Prost auf den nächsten Sieg!
(Und eins ist für mich heute klar:
wir gewinnen die WM 2014 im nächsten Jahr.)

52
Nelson Mandela († 5.12.2013)

Früher haben sich viele Schwarze und Weiße umgebracht.
Nelson Mandela hat sie friedvoll zusammengebracht.
Für Mandela sind alle Menschen gleich,
ob schwarz oder weiß, ob arm oder reich.
Mit seiner großen Menschlichkeit
kämpfte er für die südafrikanische Freiheit.
Für seine Überzeugung saß er lange im Gefängnis bei
Wasser und Brot;
jetzt ist er leider tot.
Mandela war nicht wie Dünnbier,
er war wie bestes nachhaltiges Starkbier.

53
VfB Stuttgart – Hannover 96 4:2 (7.12.2013)

Die VfB-Fans sind endlich mal am Feiern.
Hannover 96 ist seelisch am Reihern.
Aber egal, ob am Über-den-Wolken-Schweben
oder am Sich-Übergeben,
beide Seelenzustände kann man mit Bier gut beheben.
Und übermorgen geht weiter das „normale" Leben.

54
Fast

Der VfB Stuttgart verliert gegen den FC Bayern 1:2 am 29.1.2014.
Ich habe das Spiel in der Kneipe geseh'n:
Fast hätte der VfB gegen die Bayern gewonnen
und so wäre viel Siegerbier durch VfB-Anhänger-Kehlen geronnen.
Aber nach schöner bayrischer Kombination
machte Thiago per Seitfallrückzieher bong
und's rappelte wieder im VfB-Karton.
Prost, die Bierflaschen und –gläser klirren. Ding, ding, dong.
Der VfB-Fan, der seinen Verein gewinnen sehen will,
braucht in diesen Zeiten eben vom Frustbier recht viel.

55
Verletzlichkeit

Wir sind alle entsetzt,
Michael Schumacher hat sich beim Skifahren schwer verletzt*.
Sein Unfall zeigt, wir Menschen sind alle leicht verletzlich.
Mit uns kann sich vieles schnell ändern, urplötzlich.
Heute sind wir fit, morgen vielleicht schwerkrank oder gar tot.
Heute sind wir glücklich, morgen vielleicht in größter Not.
Versuche, heute zufrieden und glücklich zu leben
und nicht zu vieles auf morgen aufzuheben.
Liebe die Menschen, die Tiere und auch dich. Bleibe geistig jung.
Trink mit mir, wenn du magst, ein alkoholfreies Bier auf Michaels Genesung.
Sei vorsichtig, lebe und habe trotz allem Mut.
Und fast alles war und wird hoffentlich gut.

(* Michael Schumachers Skiunfall (29.12.2013))

56
Exen (Neknominate, Februar 2014)

Mit oder ohne Schluckreflex
einen halben Liter Bier auf ex.
Dann das nächste Exen vorreserviert
bei 3 Leuten, die man hat dazu nominiert.
Das Ganze gefilmt und in Facebook gestellt,
damit's auch sieht die Facebookwelt.
Bier ist halt doch ein Stoff zum Runterkippen
und nicht einer zum nur dran Rumnippen.
Ich dagegen trinke mein Bier gerade ganz gemütlich.
Ich genieße es. Es schmeckt vorzüglich.

57
FC Bayern / VfB Stuttgart - Ein Vergleich am 19.2.2014

Der FC Bayern siegte heute in der Champions-League*.
Der VfB Stuttgart spielt 2014 dagegen gegen den Abstieg.
Bayern hat gute Chancen, die CL zu gewinnen.
Der VfB hat große Sorgen, der 1. Liga zu entrinnen.
Beim FCB wird schnell gespielt aufs gegnerische Tor.
Beim VfB muss man froh sein, wenn keiner schießt ein Eigentor.
Beim FCB wird ein Tor ums andere getroffen.
Beim VfB torkelt mancher rum, als hätte er zu viel Bier gesoffen.
Beim FCB sind die Spieler wie Bierflaschen voll
– ganz toll. (* FC Arsenal : FC Bayern 0:2)

Beim VfB setzen sich die Spieler kaum zur Wehr,
sie spielen wie Bierflaschen leer.
Die FCB-Spieler rennen kraftvoll wie die Stiere.
Der VfB spielt geistlos wie alkoholfreie Biere.
Der FCB-Fan fühlt sich momentan sehr gut.
Der VfB-Fan ist voll Unmut und gerät mehr und mehr in Wut.
Der FCB-Fan jubelt und möchte immer noch mehr.
Der VfB-Fan hat's gerade wirklich sehr, sehr schwer.
ABER beim FCB ist viel schon ausgereizt, er steht schon droben.
Der VfB dagegen hat noch jede Menge Luft nach oben ;-)

58
Vatertag 2014

Wir wandern und haben Bier dabei
an diesem schönen Vatertag im Mai.
Die ersten Biere sind im Kopf angekommen,
wir fühlen und fröhlich-leicht-benommen.
Und sind die mitgenommenen Biere leer,
geht´s in die Kneipe, dort gibts´s noch mehr.
Des Dichtens bin ich bald kaum noch mächtig,
fühle mich aber ansonsten richtig prächtig.
Prost auf den Vatertag.
Prost auf jeden Tag.

59
Gebiertstagsbier

Alles Gute zum Geburtstag!
Da du jemand bist, der Bier mag,
wünsche ich dir
heut viel Ge**bier**tstagsbier.

60
Ich freue mich

Ich habe heute meine Wohnung eingeheizt
und freue mich,
wenn mich darin bald meine Freundin reizt.
Ich freue mich,
wenn wir uns heiß küssen.
Ich freue mich,
wenn wir danach erhitzt Bier trinken müssen.
Ich freue mich
schon aufs Bier
mit ihr.

61

Geburtstagsgast

Ein guter Geburtstagsgast ist jemand, der alles isst, alles trinkt
und noch dazu neben guter Laune auch gutes Bier mitbringt.

62

So schön

Du bist so wunder-wunderschön.
Lass uns noch nicht auseinander geh'n.
Lass uns noch ein wenig beieinander bleiben
und uns mit Küssen und Bier die Zeit vertreiben.
Lass uns noch etwas zusammen verweilen.
Lass uns Freud und Leid miteinander teilen.

63
Bier-Vampir

Er wartet auf den Abend.
Der Abend ist für ihn erfrischend und labend.
Pass auf dein Bier auf,
sonst saugt er's in sich auf.
Er ist ein kleiner
hundsgemeiner
Bier-
Vampir.

64
Braukunst

„Hab gebraut gutes Bier",
das sagt der Brauer dir.
Und wer will gutes Bier brauen,
der muss nach diesen Sachen schauen:
Braukunst, Malz, Wasser, Hefe, Hopfen,
daraus fertigt der Brauer dann besten bierigen Tropfen.
Natürlich in bester Qualität,
was sich ja von selbst versteht.

65
Tief im Herzen

Die Welt ist oft so grau,
doch ich kenne eine Frau,
die wohnt tief in meinem Herzen drin.
Sie ist meine geliebte Bierkönigin.

66
Denglisch

I love you.
I want you.
I do you miss.
I love how you kiss.
Kiss me, kiss me, kiss me.
I vermiss, vermiss, vermiss di.
Come to mir. Stay by mir.
And drink mit mir – Bier!

67
Bierküsse

Wir küssen uns, weil wir uns lieben.
Wir meinen, in den 7. Himmel zu fliegen.
Wir trinken Bier, weil's uns schmeckt.
Mit Küssen und Biertrinken wird jeder Abend perfekt.

68
Bier ist Bier!?

Bier ist Bier,
ist Bier ist Bier…
Ja und nein – also JEIN.
Ich will erklären, was ich mein:

Bier ist Bier,
ist Bier ist Bier…
Ja, denn gegen Durst hilft mir
jedes gute Bier.

Bier ist Bier,
ist Bier ist Bier…
Nein, denn es gibt große und kleine,
herbe und feine,
dunkle und brünette,
schlanke und adrette,
schwere und leichte,
aromatische und seichte,
alkoholfreie und alkoholische,
deutsche und englische,
neutrale und malzige,
säuerliche und salzige,
trübe und klare…
von Bier gibt's viele unterschiedliche Exemplare.

#69
Anstoß

Mit was stoß ich am liebsten an?
Mit BIER!
Mit wem stoß ich am liebsten an?
Mit DIR!

#70
Abendbier

Lasst uns ein Bier trinken,
um uns vom Alltag auszuklinken.
Lasst uns zwei Bier trinken
und danach in süße Träume versinken.
Und, wer weiß, vielleicht trinken wir
ja in unseren Träumen auch noch Bier.

71
Dreisamkeit

Ich und du,
du und ich
- Zweisamkeit.
Gesellt sich noch ein Bier dazu,
dann sind's Bier, dich und mich
- Dreisamkeit.
Solch eine Dreisamkeit
verspricht liebevolle Glückseligkeit.

72
Nur DICH

Nur dich *B*egehre ich.
Nur dich l*I*ebe ich.
Nur dich küss*E* ich.
Nur dich st*R*eichel ich.
Nur dich gibt's für mich.

Du bist meine *BIER*königin.
Du bist mein Hauptgewinn.

73

Zum Glück

Manche Menschen sind ziemlich blöde.
Mein Alltag ist oft so öde.
Zum Glück gibt's gute Freunde.
Zum Glück gibt's die Biervorfreude.
Zum Glück gibt's gutes Bier.
Hoffe, bei folgendem geht's dir wie mir:
Zum Glück gibt's dich
für mich.

74

Wochenendbeziehung

Dich zu berühren und dich zu küssen,
muss ich bis zum Wochenende missen.
Dann aber werden wir uns lieben
bis alles Vermissen ist vertrieben.
Ich bin süchtig nach dir.
Zu stark aufkommende Sehnsucht nach dir
bekämpfe ich unter der Woche mit gutem Bier.

75
Lebensmotto

Leben und leben lassen.
Lieben und nicht hassen.
Wer nicht liebt, genießt und lacht,
der hat in seinem Leben vieles falsch gemacht.
Genießen und auch an andere denken.
Sich ab und zu ein Bier einschenken.
Sich gedulden und bescheiden.
Nicht die hübsche Frau des andern neiden.
So kommt man einigermaßen durchs Leben
und wird am Ende hoffentlich zufrieden sterben.

Bis dahin genieße ich mein Bier
und habe Spaß mit dir.
Und ganz wichtich:
Ich liebe dich.

76

Sehnsuchtsvolle Vorfreude

Die Zeit bis wir uns wiedersehen,
ist noch lang und will nicht vergehen.
Meine Sehnsucht nach dir
ist schlimmer als jede Sehnsucht nach Bier.
Kann man an Sehnsucht auch etwas Positives sehen?
Ja, man muss sie halt als Vorfreude verstehen.
Als Vorfreude auf das nächste Mal
und schon ist's nicht mehr ganz so katastrophal.

77

Kosebier

Er hat aus Sehnsucht nach seiner Freundin einen Kasten Bier gekauft
und jede Flasche mit Kosenamen seiner Liebsten getauft.
Mäuschen, Rose, Prinzessin, Schätzchen,
Engel, Herzblatt, Wildkätzchen…
So erinnert er sich bei jedem getrunkenen Bier zärtlich an seine Freundin.
Seine Sehnsucht wächst zwar und er schmilzt beim Trinken vollends dahin.
Aber die Leidenszeit und Gier bis zum nächsten Wiederseh'n
kann er mit solch Kosebier ein klein wenig besser übersteh'n.

78
Dreiecksbeziehung (Bier, Du, Ich)

Ich liebe Bier.
Bier mag mich.
Du liebst auch Bier.
Bier mag auch dich.
Ganz wichtig aber, ich liebe dich
und du liebst mich!

79
Vorschlag

Er wünscht mir einen guten Tag
und macht gleich folgenden Vorschlag:
„Hab schon ein paar Bier intus und auch Gin,
ein Wunder, dass ich noch nicht betrunken bin.
Jetzt schenke ich mir noch ein Glas Wein
ein.
Morgen aber trinken wir beide Bier und Absinth,
mal sehen, ob wir dann auch noch so nüchtern sind."

80

Prozent-Rechnen

Was 10 Prozent von Zweihundert sind,
das weiß heut kaum mehr ein Kind.
Auch viele Erwachsene tun sich damit noch schwer.
Sind 80 Prozent oder 2/3 von etwas mehr?
Dabei mögen viele doch Prozentiges gar sehr.
Besonders im Bier die 5 % vol Alkohol,
die genehmigen sich viele, ohne zu wissen, wie viel das sind.
Zum Wohl.

81

Sentimentales I

Ich bin noch hier
und trinke Bier.
Ja, noch leben wir.
Wir können nicht sagen, wie lange alles noch so geht.
Wir hoffen, dass sich die Erde noch lange mit uns dreht.
Wir küssen so oft es geht.
Aber wir wissen nicht, wie's um uns steht.
Wie oft bekomme ich noch einen Kuss?
Wann ist Schluss?
Aber vielleicht gibt's gar kein Ende, vielleicht ist das Leben wie ein Kreis.
Wer weiß.

82

Sentimentales II

Leben auf Zeit –
Wenig ist für die Ewigkeit.
Wie viel Zeit bleibt mir
noch für dich und fürs Bier?
Ist das nächste Bier
gar schon das letzte Bier?
Ist nach dem nächsten Kuss
vielleicht schon Schluss?
Ich hoffe nicht.
Ich hoffe, dies ist nicht mein letztes Biergedicht.
Drum leben, lieben, als wär's der letzte Tag.
Komme, was da kommen mag.
Prost und allen einen guten Tag.

83

Vom Schwimmen

Fisch muss schwimmen, so ist's Brauch.
Bei mir schwimmt anderes Essen auch.
Ich lasse das Essen gerne im Magen in Bier baden.
Komm doch mal vorbei, du bist herzlich eingeladen.

84
Heut (ist mein Tag)

Ich tu mir heut was Gutes.
Ich trink heut Bier, so viel ich mag.
Ich bin heut guten Mutes,
dass ich heut viel vertrag.

Mein Auto bleibt heut zu Haus.
Ich geh heut zu Fuß zum Trinken aus.

85
Weihnachtswünsche

Zu Weihnachten wünsche ich mir
einen langen, lieben Kuss von dir,
sowie Frieden, Gesundheit und ein gutes Bier.
Und hätte ich meine Geschenke noch nicht in trockenem Tuch,
gäb's natürlich für jeden ein Bier-Gedichte-Buch.

86
1,2,3,4

Ein Bier ist für mich heute kein Bier.
Zwei Bier sind auch zu wenig Bier.
Drei Bier sind auch nicht viel.
Vier Bier sind's, die ich heute trinken will.

87
Nikolaus mit Bier

Als Nikolaus steh ich vor deiner Tür.
Ich möchte rein, ich will zu dir.
Im Sack hab ich jede Menge Bier dabei.
Das lassen wir uns schmecken, wir zwei.
Und bekomme ich für jedes Bier
noch einen langen Kuss von dir,
dann bin ich überglücklich,
denn deine Küsse sind vorzüglich :-*

88
Auftanken im Advent

Bitterkalt ist's. Es schneit.
Ja, der Winter ist nicht aufzuhalten.
Weihnachten naht. Bald ist's so weit.
Höchste Zeit mal wieder innezuhalten.
Höchste Zeit die Arbeit eine Stunde liegen zu lassen
und ein, zwei Bier in aller Ruhe zu vernaschen.
Vielleicht dabei ein Gedicht verfassen,
auf jeden Fall auftanken und ein wenig Stille und Besinnlichkeit erhaschen.

89
Weihnachtsbiertraumbaum

Liebe Freunde, ihr glaubt es kaum,
ich bin echt stolz auf meinen Weihnachtsbaum.
Hoch oben auf des Baumes Spitz
hat ein kleines Bierfläschchen seinen Sitz.
Und je tiefer man am Baum nach unten blickt,
erkennt man ihn, mit umso größeren Flaschen geschmückt.
Oben befinden sich die Kleinen,
die Geringprozentigen, die Feinen.
Unten findet man an den Ästen die Großen,
dort sind dann auch die Ein-Liter-Bierdosen.
Liebe Freunde, ob ihr's glaubt oder nicht,
mein Weihnachtsbaum ist ein Bier-Gedicht,
denn liebe Freunde, mein weihnachtlicher Baum
ist noch leider nur ein Traum.

90
Auf so Vieles

Auf die Liebe.
Auf die Triebe.
Auf den Frieden.
Auf den Süden.
Auf den Westen.
Aufs Biertesten.
Auf uns alle hier
bei frischem Bier!

91
Happy New Year mit Bier

Bierlein, Bierlein vor mir im Glas,
ich trink davon und wünsch euch das:
Allen ein gutes und frohes neues Jahr,
auf dass alle eure Wünsche werden wahr!
Ich wünsche euch ein Jahr, ganz wunderbar,
trotz vielleicht grauem Januar und kaltem Februar.

Happy New Year!
Ich wünsche mir
für jeden Tag ein kleines Bier.
Und werden's auch mal zwei,
dann ist auch nichts dabei.

92
Schnaps

Manche mögen Schnaps.
Ich dagegen hab's
nicht so mit harten Sachen,
die allzu schnell wirr und müde machen.
Lieber ein Bier statt Wodka, Weinbrand & Co,
da bleibt die Birne klar und der Alfred froh.

93
Zaubertrank

Bier, dem Zaubertrank,
gilt besonderer Dank.
Als erstes sei genannt,
Bier entspannt.
Bier tröstet auch in so mancher Not.
Bier schmeckt köstlich als flüssiges Brot.
Bier hat ihn ermutigt nach ein paar Tagen,
seiner Herzallerliebsten endlich zu sagen:
„Ich liebe dich!
Liebst du auch mich?"

94
Alle Menschen sind…

Alle Menschen sind gleich. Manche sind gleicher.
Alle Menschen sind Brüder. Manche sind Schwestern.
Alle Menschen sind schwarz. Manche sind schwärzer.
Alle Menschen sind weiß. Manche sind weißer.
Alle Menschen sind reich. Manche sind reicher.
Alle Menschen sind schön. Manche sind schöner.
Alle Menschen sind behindert. Manche sind behinderter.
Alle Menschen sind klug. Manche sind klüger.
Alle Menschen sind durstig. Manche sind durstiger.
Ich bin durstig nach Bier und nach dir.
Alle Biere sind gut. Manche sind besser.
Du bist die Schönste, die Beste.

#95

Bier – parteiübergreifend

Schwarze werden durch zu viel Bier blau,
Rote, Grüne und Gelbe auch? Ja, genau.
Ist das jetzt gut oder schlecht?
Ich weiß nicht recht.

#96

Biertraum

„Träume sind Schäume."
sagt der Volksmund.
Ich tue aber kund:
„Meines Hefeweizens Bierschaum
ist ein realer, wahrer, feinporiger Traum."

#97

Volle Pulle

Ich beiß in meine Stulle.
Ich ess sie auf, sie ist nicht mehr.
Ich trink Bier aus meiner Pulle.
Ich trink sie aus, sie ist dann leer.
Was jeweils bleibt, ist Appetit auf mehr.

„The Leading Beers" – das Treffen der besten Biere 2013 in Amberg

Bier kann man mit allen Sinnen genießen,
das hat das Bierkultur-Festival in Amberg eindrucksvoll bewiesen.
Hoffentlich wird das Treffen der besten Biere schon bald fortgesetzt, vielleicht sogar bei mir im Schwarzwald.
Ich habe also eine große Bitte:
Macht weiter die Treffen, bitte, bitte.

Informativ war's.
Kommunikativ war's.
Genussvoll war's.
Stilvoll war's.
Urig war's.
Kulturig war's.
Viel Spaß hat's g'macht.
Bin müde - Gute Nacht.

99
Wahres

Der Ball ist rund.
Ein Bier ist gesund.
Mit der Zeit werden wir alt.
Die Fußball-WM beginnt bald.
Saures macht lustig.
Die Sonne macht mich durstig.
Ein Bier ist meist eins zu wenig.
Fischstäbchen bestehen aus Fisch.
Vor mir steht ein Bier auf dem Tisch.
Der Wal schwimmt im Meer.
Ich liebe dich so sehr.

100
Die Beste

Du bist für mich die schönste Frau der Welt,
die bezauberndste Frau unterm Himmelszelt.
Für kein Bier der Welt möchte ich dich missen.
Am liebsten würde ich dich jetzt zärtlich küssen.

101
Bier und Arbeit

Die Arbeit läuft wie am Schnürchen,
wenn ich weiß, danach gibt's ein, zwei Bierchen.

102
Zu viel des Guten

Zu viel laute Heiterkeit schafft Heiserkeit.
Zu viel schlechtes Spiel des VfB tut weh.
Zu viel Alkohol tut nicht wohl.
Zu viel Bier macht einen zum Faultier.
Drum etwas weniger vom „Zu viel"
ist und bleibt das Ziel.

103
Gicht und Bier

Negatives über Bier lese ich gerade
und das finde ich natürlich schade.
Zu viel Bier erhöhe das Gichtrisiko,
zu viel Fleisch und Wurst ebenso.
Ganz klar: Gicht
möchte ich nicht.
Also, esse ich künftig weniger Fleisch und Wurst,
stille aber weiter mit Bier meinen Bierdurst.
Aus Liebe zum Bier
werde ich noch zum Vegetarier.
Ich bleib meinem Bier treu,
weil ich mich aufs Bier so freu.

104
Dickbauch

Ihr könnt es sehen, ich sehe es auch.
Nicht nur mein Haar wächst, nein, auch mein Bauch.
Was ist der Grund? Was kann es sein?
Zu wenig Bewegung, zu viel Bier und Wein?
Soll ich also künftig auf jedes zweite Bier verzichten?
NEIN, mitnichten.
Ich werde wieder mehr Sport treiben
und so mein Bauchfett vertreiben.
Für jedes Bier künftig eine halbe Stunde Extrasport
und ich bin überzeugt, mein Bauchansatz ist bald wieder fort.

105
Vernünftig

Kater, Kopfweh – Mist.
Vernünftig ist,
der nicht vergisst,
dass zu viel Bier den nächsten Tag vermiest.

106
Entspannen

Die eine macht Yoga oder schwingt sich aufs Rad.
Der andere geht Saunieren oder zum Schwimmen ins Bad.
Manche gehen zum Entspannen mit ihrem Hund spazieren.
Wieder andere lassen sich ausgiebig massieren.
Viele Möglichkeiten gibt's, sich zu verwöhnen,
den Tag mit Schönem zu krönen.
Ich aber kann ganz gut meditieren,
beim abendlichen Trinken von 1-2 Bieren.

107
Bierpause

Bist du mitten im Alltag erledigt und geschafft,
gönne dir zwischendurch eine Pause und tanke Kraft.
Entspanne behutsam deine Sinne mit deinem Lieblingsbier.
Zügle eine all zu schnelle, all zu heftige Gier nach dem Lebenselixier.
Höre, wie das Bier beim Einschenken ins Glas gluckert.
Freu dich, gleich bist du psychisch und physisch nicht mehr unterzuckert.
Sieh, wie das Glas sich goldgelb und mit weißem Schaum füllt.
Bemerke, wie sich bei diesem Anblick dein Gaumen ganz trocken anfühlt.
Schau dir die feinen Schaumbläschen an. Tausende gleich wie aus einem Ei.

Führe das volle Glas an den Mund und unter die Nase und zähle bis auf drei.
Zieh den Biergeruch dann tief ein durch die Nase in deine Lunge.
Nimm einen Schluck und spüre das Prickeln des Bieres auf deiner Zunge.
Prüfe den Geschmack nach sauer, vollmundig und salzig.
Erkenne und freue dich auf hopfig-bitter und süß-malzig.
Trinke und spüre wie Zunge und Gaumen nicht mehr aneinander kleben.
Erkenne, wie dein Geist und dein Körper rasch aufleben.
Erlebe den leicht berauschenden Alkohol
und fühle dich entspannt und wohl.
Genieße mit allen Sinnen dein Bier.
Die Bierpause gehört alleine dir.

108
Bier-Tipps

Trink täglich ein Bier.
Nimm diese Zeit dir.
So bleibst du gesund.
Und ein Bier macht dich nicht kugelrund.

Willst du alt werden und fit bleiben,
dann tu's mit Alkoholtrinken nicht übertreiben.
Ein Übermaß an Genuss
schafft auf die Dauer nur Verdruss.

Hast du mal zu viel getrunken,
bist vielleicht sogar betrunken,
dann ist's nicht so schlimm, wenn's die Ausnahme bleibt.
So ein Kater ist tags drauf verheilt.

109

Biersinn

Ich bin heute gut drauf,
drum mach ich mir ein Bier auf.
Und bin ich mal schlecht drauf,
dann mach ich mir erst recht eins auf.
Und wenn ich mal nicht weiß, wie ich drauf bin,
so trink ich schnell eins ohnehin.
Bier ist stimmungsmäßig ein Gewinn.
Ein Bier zu trinken, macht immer Sinn.

110

Auf das Leben

Besser leben.
Länger leben.
Besser UND länger leben –
diese Kombination ist anzustreben
und mittels etwas Bier durchaus zu erleben.
Tun wir dazu noch sinnvoll leben,
dann gibt's für uns vielleicht das ewige Leben.
Bei paradiesischem Bier
werden fröhlich wir
dann zwischen Engel schweben.
Auf diese aussichtsreichen Leben,
lasst uns das nächste Bier heben!

111
Saumäßig

Leben und trinken können so einfach sein:
Sei kein Schwein.
Trinke Bier mäßig
und regelmäßig,
aber nicht saumäßig.
Lebe mit Liebe und trinke mit Bedacht,
so wird dir von beiden Freude gemacht.

112
Städtereise

Eine Städtereise mit dir,
um dort Wein zu trinken oder Bier,
um eine fremde Stadt gemeinsam zu erkunden,
um mit dir zu erleben schöne Stunden –
darauf freue ich mich.
<3 Ich liebe dich <3
Ob nach Hamburg, Berlin oder Paris – egal.
Hauptsache, verreisen mit dir, Bier gibt's überall.

113

Sommer

30 Grad. Durstig machte die heiße Sommersonne.
Abends dann erwarten wir unser Bier voller Wonne.
Unsere trockenen Kehlen
und unsere müden Seelen
lechzen schon seit Stunden nach erfrischendem Bier.
Endlich, endlich wird gestillt unsere Gier.
Zu keiner Jahreszeit schmeckt uns das Bier besser.
In den Biergärten leeren wir lustig die Fässer.

Warum kann's nicht nur Sommer sein?
Vielleicht weil zum Winter passt besser Glühwein?

114

Zusammenhalt

So wie in der Christenheit
es ihr Glauben ist, der sie vereint,
so ist's in der Kneipenwelt
das Bier, das diese zusammenhält.

115
Versuch eines Vergleichs Schule / Bier

„Mit der Schule ist es wie mit einem guten Pils. Sie muss bitter schmecken."
(So oder so ähnlich kommen die beiden Sätze in der „Feuerzangenbowle" vor.)
Die Schule sollte besser einem erfrischenden durststillenden Weizenbier gleichen. Sie sollte den Wissensdurst stillen und süchtig nach immer mehr machen.

116
Bier-Reime

Auf „Bier" lässt's sich gut reimen, wenn man will,
denn auf „Bier" reimt sich wirklich viel.
Beispiele
gibt es viele:
Stier, Gier und Trier,
dir, mir und wir…
Mir ist derjenige leider nicht bekannt,
der Bier hat einst „Bier" genannt, aber ihm sei dafür gedankt.

117
Phoenix

Mein Bierglas ist leer getrunken.
Mein Herz hat Schmerz empfunden.
Aber wie Phoenix aus der Asche
füllt sich mein Glas wieder mit Bier aus der Flasche.
Hab mein Bierglas wieder voll gemacht.
Mein Herz, das lacht.

118
Freunde

Ihr seid das Bier der Welt.
Ihr seid, wie Bier mir gefällt:
Anregend, nie fad oder langweilig, sondern erfreuend,
erfrischend, manchmal beruhigend, immer wohltuend.
Eure Brauführung sei die Liebe, das Mitgefühl, das Geben.
Ihr seid die richtigen, die wichtigen Freunde fürs Leben.

119
Außerirdischer Besuch

Heute Nacht, so gegen vier,
stand ein Marsmensch vor meiner Tür.
Er hätte gehört, auf der Erde hier,
gäb's weltallweit das beste Bier.
Ich antwortete ihm oder war's einer ihr:
„Das kann schon sein.
Komm rein.
Hier gibt's gutes Bier."
Wir tranken uns durch mein Biersortiment.
Dann irgendwann bin ich wohl eingepennt.
Ich wachte auf, der Marsianer war verschwunden.
Da waren noch die Bierflaschen, leer getrunken.
Ich weiß nicht, hab ich das Ganze nur geträumt,
denn von meinem Gast ein Foto zu machen, hab ich leider versäumt.

120
Bunt

Bier macht so manche müden Männer munter.
Die treiben's dann womöglich noch bunter.
Wird's dann aber den Frauen zu bunt,
so tun sie drohend ihren Ärger kund:
„Treibt's nicht auf die Spitzen,
sonst lassen wir euch sitzen.
Fort sind wir
und euch bleibt nur das Bier."

121
Zuhause

Zuhause ist dort, wo ich auch im Dunkeln mein Bier finde.
Zuhause ist dort, wo ich gern gesehen bin und niemand sagt „verschwinde".
Zuhause ist dort, wo ich weiß, wo der Bieröffner ist.
Zuhause ist dort, wo jemand ist, der mich liebt und vermisst.

122
Die Spelunke

Der Halunke
geht in die Spelunke
um dort zu saufen
und um eventuell zu raufen.
In der Spelunke wird gezockt, gegrölt
und heftigst dem Alkohol gefrönt.
Es trinken die Halunken
Bier, Wein und billigen Korn.
Irgendwann sind sie dann betrunken,
schwanken heim und abends beginnt das Spiel wieder von vorn.
(Und mit etwas Glück findet der Halunke
in seiner verrauchten Spelunke
eine Halunkin
als Freundin.)

123

Was wäre

Was wäre der Sommer ohne Bier?
Einer mit gefühlten noch trockeneren Tagen.
Was wäre eine Kneipe ohne Bier?
Das wäre eine zum Abhaken.
Was wäre der Fußball ohne Bier?
Langweilig.
Was wäre ein Pfarrer ohne Bier?
Scheinheilig.
Was wäre die Menschheit ohne Bier?
Arm dran.
Du seufzt zu Recht an dieser Stelle, ganz spontan:
„Gott sei Dank, haben wir
unser geliebtes Bier! "
(Seufz, seufz.
Säuft's, säuft's.)

124

Biersternstunde

Zu später abendlicher Stunde
führen wir in freundschaftlicher Runde
wunderbares Bier zum Munde.
Oh, welch glückliche Sternstunde!

125
Zweizeiler

Ich mag Bier, dich und auch mal ein, zwei Gläser Wein,
so war's gestern, so ist's heute und so wird's immer sein.

126
Freibier und ich

Ich sag's frisch, fromm, fröhlich, frei:
Bei Freibier bin ich immer gerne mit dabei!

127
Rot

Du stellst rote Rosen in die Vase.
Vom Saufen gibt's 'ne rote Nase,
vom heftigen Küssen aber auch.
Rote Lippen mag ich, Rotwein auch.
Rot ist mir unter den Farben die Liebste,
meine Freundin unter den Frauen die Wichtigste.
Bier ist zwar golden und nicht rot;
ich mag trotzdem das flüssige Brot.

128
Gegen Stress und Hektik

Was hilft bei zu viel Stress und zu viel Hektik?
Gibt's eine zeitgenössische Überlebenstaktik?
Mein Rat für alle Zeitgenossen,
alle Zeitgenossinnen natürlich eingeschlossen:
Entspannt euch mal wieder in Bierkneipen.
Alternativ könnt ihr auch Sport treiben.
Am besten aber geht man nach dem Sport
noch kneipentechnisch auf ein Bier zusammen fort.

129
Manchmal ist weniger mehr

Er trank Bier, Wein, Whisky, Gin
und denkt sich jetzt: „Ich weiß nicht mehr, wie ich heim gekommen bin.
In Zukunft trinke ich nicht mehr so viel.
Das ist mein Ziel.
Das ist's, was ich will.
Ansonsten steht zu viel auf dem Spiel."
Manchmal ist weniger mehr,
wie hier, bitte sehr.

130
Leicht betrunken

Wer ein Bier getrunken hat, der hat ein Bier getrunken.
Hat er schon vom guten Bier
getrunken mehr als deren vier,
so ist er leicht betrunken.
Ein Bier, das getrunken ist, hat zwar seinen Zweck erfüllt.
Nur pass auf, dass dir zu viel Bier nicht überquillt
und dir den Kopf vermüllt.

131
Zu Dir

Meine Füße eilen mit mir
zu dir.
Unterwegs bekomme ich Durst und ich trinke ein Bier.
Aus dem einen Bier werden aber dann deren vier.
So angetrunken kann ich jetzt nicht mehr zu dir.
Meine Füße bringen mich zurück zu meiner Tür.
Morgen werde ich's noch einmal versuchen,
dich zu besuchen.

132
Schmeckt gut, tut gut

Ich hab schon lange gecheckt,
ich trinke Bier, weil's mir schmeckt.
Aber auch weil er mir einfach gut tut,
trinke ich gerne den vergorenen Getreidesud.

133
Wir

Heute leben wir.
Heute lieben wir.
Heute feiern wir.
Heute trinken wir
Bier!
Und erst ÜberÜberÜbermorgen
kümmern wir uns wieder um unsere Sorgen.
Bis dahin leben wir so weiter
- überwiegend heiter.

134
Lecker

Frisch, appetitlich, süffig, fein –
Mmh, so muss ein gutes Bier sein.
Schenk uns noch eins davon ein!
Prost. Hau rein!

135
Flammendes Herz

Die Feuerwehr löscht Feuer im Wasser.
Mein Wirt löscht meinen Durst mit Bier.
Die Fenster macht der Glaser.
Mein Herz gehört dir <3

136
Relativ

Der Begriff „relativ"
erklärt sich mir am besten quantitativ:
Relativ wenig ist ein Liter Bier;
besonders dann, wenn ich ihn trinke mit dir.
Relativ viel dagegen ist ein Liter Tee;
ähnlich verhält es sich auch mit Kaffee.
Wenig oder viel - Entscheidend ist das Qualitative.
Zu Bier jedenfalls gibt's keine Alternative!

137

Wichtig

Er weiß nicht, was er will.
Drum hat er auch kein Ziel.
Das Leben zieht dahin.
Er lebt so vor sich hin.
Denkt dabei - ich weiß nicht, wer ich bin.

Frage: Wie lebt man richtig?
Antwort: Überleg zuerst, was ist dir wichtig.
Ich überlege kurz – richtig, richtig,
mir ist jetzt ein Bier sehr wichtig.

138

Fass-, Flaschen-, Dosenbier

Bier bleibt Bier.
Ob aus Fass, Flasche oder Dose,
das ist meist Jacke wie Hose.
Bier bleibt Bier.
Nur stoßen aus vor allem ökologischer und sensorischer Betrachtung
bei manchen Plastikflaschen- und Dosenbier auf Verachtung.

139

Erkenntnis

Wir trinken, also sind wir.
Was trinken wir? Bier!
Die Erkenntnis scheint banal –
Aber so ist das Leben oft nun mal:
Total banal, mal normal,
manchmal katastrophal,
zigmal ideal, andermal genial.
Dir ist das egal. Und dir ist das zu brutal?
Ihr könnt mich mal.
Ihr könnt mir aber auch ein Bier ausgeben -
Auf ein schönes langes Leben!

140

Versprechen

Er liegt im Grab.
Seine Freunde schauen hinab.
Sie schütten eine Flasche Bier darauf aus,
prosten, beten kurz und gehen nach Haus.
Das machen sie, wie versprochen, einmal im Jahr.
Traurig, etwas makaber, aber vielleicht mal wahr.

141
Fragen

Bier oder nicht Bier,
ist nicht die Frage.
Bestelle ich mir ein oder gleich zwei Bier,
das ist die Frage.

142
Bierrunde

Wir Männer sind am Kicken.
Die Frauen, die tun Stricken.
Und nachher treffen wir uns alle bei mir
zu einer netten Runde Bier.

143
Bierliebesskala

Neulich am Nebentisch hab ich gehört,
wie eine Sie ihren Freund zärtlich betört:
„Liebster Kasimir, ich liebe dir.
Auf meiner Liebesskala kommst erst du und dann mein Bier."

144
Fort

Er ist hier und sie ist fort.
Er ist da und sie ist dort.
Sie trinken sehnsuchtsvoll Bier jeder an einem anderen Ort.
Sehen sie sich wieder, ist alle Sehnsucht fort - sofort.

145
Prost, Prost

Eines ist mir schon länger klar:
Bier und Liebe ergänzen sich wunderbar!
Drum ein Prosit auf die Liebe und das Bier –
Jetzt, sofort und hier.

146
Trink mit

Zu dieser späten Stund
fließt noch Bier durch seinen Mund.
Es ist dies nicht der erste Milliliter.
Nein, es ist bereits Bier vom vierten Liter.
Er fühlt sich gut, er fühlt sich fit
und sagt mir: „Komm trink noch ein Bier mit."
Was ich dann tu.
Erst zwei Bier später leg ich mich dann zur Ruh.

147
Bierdurchlaufreaktor

Die Zeit fließt dahin
und Bier in mich rin.
Je mehr Bier war in mir drin,
umso mehr Zeit floss dahin.
Und je älter ich bin,
umso mehr Bier war in mir drin.
Ich bin ein menschlicher Bierdurchlaufreaktor
und möchte weiterhin 'MORE BEER MORE'.

148
Erfahrung

Den Bauch mit Bier gefüllt,
so ist der Durst gestillt.

149
Biertrinkspruch für Nachtschwärmer

Kommt ihr Schwester und Brüder, trinket schnell.
Bald schon naht der Morgen. Schon bald wird es hell.
Trinkt, trinkt, trinkt!
Schwesterlein, Brüderlein trinkt!

150
Frei-BIER! (Schlachtruf)

Auf die Fasnet, drei kräftig donnernde
Frei-BIER, Frei-BIER, Frei-BIER!
Alternativ ginge auch:
BIER-Bauch, BIER-Bauch, BIER-Bauch!

151
Die große Liebe

Die Liebe seines Lebens
sucht so mancher zeitlebens vergebens.
Der, der sie gefunden,
genießt die gemeinsamen Stunden.
Sie trinken glücklich zusammen Liebesbier
- sie mit ihm und er mit ihr.

Die Liebe seines Lebens
suchte er lange vergebens.
Doch dann ging sie an ihm vorbei.
Er sah sie. Seither war sie ihm nie einerlei.
Er fand sie wunderschön, adrett und nett.
Bald schon wachten sie auf im selben Bett.
Jahre später ist sie für ihn immer noch ganz toll.
Er braucht für diese Erkenntnis keinen Bieralkohol.

152
Speck weg

Etwas Speck
muss weg,
am Bauch
und an der Hüfte auch.
Zu diesem Zweck
verzichte ich ganz keck
ab jetzt auf süßes fetthaltiges Gebäck.
Ich werde auch wieder mehr Sport machen.
So werde ich mein Abnehmen entfachen.
Und auch Küssen verbrennt bekanntlich Kalorien,
deshalb ist ‚Küssen müssen' auch eine meiner Strategien.
Aber auf Bier möchte ich nicht verzichten.
Das geht auch nicht. Das brauche ich zum Dichten.

153
Durst nach Bier

Lieber Durst haben und Bier trinken,
als keinen Durst haben und Bier trinken.
Noch schlimmer wäre –
keinen Durst haben und kein Bier trinken.
Am allerschlimmsten aber wäre –
Durst haben und kein Bier trinken.

154
Ganz und gar

Du bist einzigartig, wunderbar.
Ich will dich ganz und gar,
mit Haut und Haar.
Du öffnest dein Herz und deine Seele mir.
Ich danke es dir mit Liebe, Zärtlichkeit (und Bier).

155
Wunschlos glücklich

Er wartet auf sie schon lange,
aber keine Bange.
Er wartet auch noch länger.
Er ist ihr größter Anhänger.
Er liebt sie wie sonst niemand.
Er wünscht sich mit ihr Hand in Hand
und ein Bier in der freien Hand.
Dann wäre er glücklich –
wunschlos glücklich.

156
Auf Trab

Kurz und knapp:
Bin ich mal schlapp,
bringt ein Bier mich wieder auf Trab.

157
Shakespeare

Im Traum sprach Shakespeare zu mir:
„Bier, Bier. Mein Königreich für ein Bier."
Ich wachte auf und mir war eines klar
- glasklar:
Shakespeare
mag Bier!
Sind wir
nicht alle ein wenig Shakespeare?!

158
Biermärchen

Es war einmal der Kasimir,
der trank sehr gerne Bier.
Und man höre und staune,
das Bier hielt ihn meist bei guter Laune.
Und wenn er nicht gestorben ist, ihr lieben Leute,
dann trinkt er gut gelaunt sein Bier noch heute.

159

Abgefahren

Er fährt schnell aus der Haut.
Dann schreit er und wird laut.
Ich versuche, nicht aus der Haut zu fahren.
Man wird ruhiger mit den Jahren.
Lange schon fahre ich ab auf Bier.
Mit schönen Momenten dankt es mir dafür.

160

Naheliegendes

Die Nerven nerven.
Die Autos tosen.
Der Wiener wienert.
Der Turm türmt.
Der Chef scheffelt.
Die Kneipen kneippen.
Die Weine weinen.
Das Radler radelt.

161
Bier-Zeitmaschine

Ich habe mir eine Bier-Zeitmaschine gebraut.
Dazu habe ich einfach 6 selbstgemachte Bier verdaut.
So reise ich in die Zukunft und in die Vergangenheit
und trinke Bier der jeweiligen Zeit.
Und glaubt mir eines, ihr lieben Leute:
Nie war und wird sein das Bier besser als heute.
Ich nehme dich gerne einmal mit.
Dann trinken wir gemeinsam. Prosit!

162
Insekten

Summ, summ. Brumm, brumm.
Platsch, klatsch - Matsch.
Insektenbrei. Insektenfrei.
Dabei war das gar nicht nötig.
Er hätte doch nur einen Bierdeckel zum Abdecken seines Glases benötigt.

Mottos

Nach dem Motto „*Wer will, der kann*"
fängt er zu trinken an.
„*Ein Bier ist kein Bier*"
ist Grund genug fürs nächste Bier.
„*Auf zwei Beinen kann man nicht stehen*" –
er trinkt das dritte Bier im Handumdrehen.
„*Wer A sagt, muss auch B wie Bier sagen*" –
so leert er das vierte Bier in seinen Magen.
„*Bier muss in Bier schwimmen*" –
er lässt Bier Nummer fünf durch die Kehle rinnen.
„*Sechs Bier sind besser als fünf Bier*" -
Sodann gönnt er sich das sechste Bier.
„*Nach sechs Bier ist eh voll alles egal*" –
Dieses Motto findet er fürs Siebte genial.
Und nach „*Heut ist mir alles Wurst*"
trinkt er sich vollends einen über den Durst.
Und die Moral dieses Gedichts -
„*Trau den vielen Mottos nicht(s)!*"

164

Der Jäger

Ein Jäger legt sich auf die Pirsch.
Er ist auf der Jagd nach einem Hirsch.
Da, ein Hirsch röhrt auf des Waldes Lichtung.
Der Jäger zielt und schießt in des Hirsches Richtung.
Er schießt mit seinem Schießgewehr,
Schuss um Schuss sein ganzes Magazin leer.
Aber kein Schuss erreicht sein Ziel.
Der Grund ist, der Jäger trank vorher zu viel.
Ohne Bier wäre jetzt der Hirsch wohl tot.
Bier ist hier des Hirsches Retter in der Not.
(Lichtung, Richtung -
alles nur Dichtung)

165

Vermisst

Du vermisst mich.
Ich vermisse dich.
Unsere Herzen
schmerzen.
Aber würden wir uns nicht vermissen,
hätten wir keine Sehnsucht uns zu küssen.
Kein Bier kann diesen Schmerz lindern.
Kein Bier kann diese Sehnsucht verhindern.

166
Ratschlag

Bläst der Wind dir heftig ins Gesicht,
dann rät dir dieses bierfreie Gedicht:
Dreh dich um geschwind
und du hast Rückenwind.

167
Besondere Moleküle

Die Moleküle spielen in meinem Bier verrückt:
Sie tanzen, berauschen, blubbern und schäumen.
Sie perlen, torkeln und bringen mich zum Träumen.
Ich trinke weiter verträumt mein Bier und bin entzückt.

168
Glück im Unglück

Eine Bierflasche geht zu Bruch, versehentlich.
Das ist natürlich ärgerlich.
Doch wenigstens war sie leer,
sonst wäre der Ärger viel mehr.

169
Laufspaß

Manchmal läuft man einem Ball hinterher.
Ein andermal läuft man einer Frau hinterher.
Solcherart Laufen macht fast immer Spaß.
Und gegen aufkommenden Durst hilft dann Bier vom Fass.

170
Verzicht

Auf Absinth, Weinbrand oder Armagnac,
auch auf Whisky, Apfelkorn oder Cognac
könnte ich verzichten. Nicht aber auf Bier oder auf dich,
denn Bier mag ich sehr und dich liebe ich.
Ich schwör
beim Eierlikör.

171
Unter...

Mit Arbeit vollgestopft, unterhopft.
Unterbuttert, unterzuckert.
Unterbiert, unteralkoholisiert.
Unter aller Sau!
Dagegen hilft nur Bier! Genau!

172
Wetter-Trink-Regel

Ob die Sonne scheint
oder der Himmel weint
 — eine Regel ist besonders wichtig:
Mit Bier liegt man bei jedem Wetter richtig.

173
Vom Trinken

Da er heut einkehrt,
trinkt er heut vermehrt.
Und kann sein, er will,
dann trinkt er heut auch viel.
Trinkt er Bier? Oder trinkt er Wein?
Es wird wohl beides sein.
Denn beide enthalten Alkohol,
zum Wohl!

174

Bier-Ba-Butzemann (moderne Version des Bi-Ba-Butzemanns)

Es trinkt ein Bier-Ba-Butzemann
mit mir Bier.
Er schiebt ein Kästlein her und hin,
Was ist wohl in dem Kästlein drin?
Es trinkt ein Bier-Ba-Butzemann
mit mir Bier.
Er bringt zur Nacht mir gutem Kind
die Bierlein die im Kästlein sind.
Es trinkt ein Bier-Ba-Butzemann
mit mir Bier.
Er schiebt das Kästlein hin und her,
am Morgen ist das Kästlein leer.
Es trinkt ein Bier-Ba-Butzemann
mit mir Bier.

175

Drogen

Stell ein Bier kalt für ihn.
Er braucht weder Kokain noch Heroin.
Er hat noch nie Hasch geraucht.
Bier ists, was er braucht.

176
Träume

Ich schlafe gern,
denn da darf ich träumen,
ohne Angst zu haben, etwas zu versäumen.
Bist du mir fern,
dann träume ich von dir.
Die schönsten Träume habe ich nach einer Flasche Bier.

177
Maibock

Klebriges Bier im Glas
- ich wünsch mir was.
Einen Kuss von dir
zum Maibockbier.
Es keimen die Triebe.
Ein Prost auf die Liebe.

178
Göttliche Vorsehung

Gott lenkt.
Gott schenkt.
Gott lenkt mich in den Biergarten,
wo gute Biere auf mich warten.
Gott schenkt mir Durst nach Bier.
Dir geht's wie mir.
Drum bestell ich vom Bier gleich vier
- zwei für dich
und zwei für mich.

179
Innere Werte

Eine volle Flasche Bier,
das sagt dir
der Bierexperte,
hat ganz besondere innere Werte:
Berauschenden Alkohol – jawohl!
Hopfengeschmack, an Bitterstoffen reich.
Brauwasser, besonders weich.
Prickelndes Ce-Oh-zwei ist auch dabei.
Weitere Inhaltsstoff machen Bier würzig und malzig.
Ich mag süffiges Bier heute und auch noch mit achtzig.

180
Famos

Du bist für mich die tollste Frau der Welt.
Für dich gäbe ich all mein Geld.
Du liebst mich aber kostenlos,
das finde ich natürlich ganz famos.
Du bist wie das leckerste Freibier unter den Bieren.
Dich möchte ich nie verlieren.

181
Bier schmeckt

Bier schmeckt dir.
Bier schmeckt mir.
Bier schmeckt uns.
Bier schmeckt Hinz und Kunz.
Wem Bier nicht schmeckt,
der ist geschmacksdefekt.

182
Bierbrause

Sie küssen sich
allabendlich.
Sie küssen hin und her
und her und hin.
Einmal knutscht er,
dann küsst sie wieder ihn.
Und in der Kusspause
trinken sie Bierbrause.
So gut schmeckt die süße Brause
alleine nie zu Hause.

183
Zum Wohl!

Trink ich mal zu viel Bier und bin vielleicht ein klein wenig dicht,
dann tu ich das zum Wohl der Literatur fürs nächste Biergedicht.
Zum Wohl mit Bier! Auf dich! Auf mich!
Auf die Literatur! Auf die nächste Kneipentour!

184
Sehr gut

Bier gut,
alles gut.

185
Bierhymne

Göttliches Bier!
Dich gänzlich zu beschreiben ist nicht möglich.
Unbeschreibliches Bier!
Du bist zu facettenreich, einfach zu vorzüglich.
Wer dich kennenlernen will, soll's nicht aufschieben.
Man muss dich trinken, um dich zu lieben.

Inhaltsverzeichnis

	Vorwort des Autors	7
# 1	Glücklich	9
# 2	Herz-Schmerz	9
# 3	Dichten mit Bier	9
# 4	Emanzipation	10
# 5	Platonisch	10
# 6	Bescheuert	11
# 7	Bier und Liebe	11
# 8	Prost Welt	12
# 9	Lieben und Bier trinken	12
# 10	Träume	13
# 11	Was?	13
# 12	Biergeschmack	13
# 13	Jetzt	14
# 14	Heute, nicht morgen	14
# 15	Liebeserklärungen	15
# 16	Größtes Pläsier	15
# 17	Das richtige Maß	16
# 18	Über Bier nur Lob	17
# 19	Bier und ich	18
# 20	Nachts	18
# 21	Lebenssinn	19
# 22	Bierseliger Philosoph	19
# 23	Bier und Wein	20
# 24	Rausch	20
# 25	Skurril	21
# 26	Helden	21
# 27	Abendgebet	22
# 28	Bitte	22
# 29	Von Schwarzgeld und Schwarzbier	23
# 30	Hau weg	23
# 31	Durstlöscher	24
# 32	Lebenslust	24
# 33	Ich weiß, was ich will	25
# 34	SSW-Regel	25
# 35	Herbstbier	26
# 36	Hoffentlich	27
# 37	Bier trinken mit dir	27

# 38	Bier danach	28
# 39	Im Stau	28
# 40	Schieflage	28
# 41	Nicht gut drauf	29
# 42	Vom irren Saufen	29
# 43	Was wäre geworden, wenn	30
# 44	Wahlkampf 2013	30
# 45	Wählen	31
# 46	Bundestagswahl 2013	31
# 47	Marcel Reich-Ranicki (* 2.6.1920 † 18.9.2013)	32
# 48	Manfred Rommel ist tot († 7.11.2013)	32
# 49	Manfred Rommel	33
# 50	Dieter Hildebrandt († 20.11.13)	33
# 51	England – Deutschland 0:1 (am 19.11.2013)	34
# 52	Nelson Mandela († 5.12.2013)	34
# 53	VfB Stuttgart – Hannover 96 4:2 (7.12.2013)	35
# 54	Fast	35
# 55	Verletzlichkeit	36
# 56	Exen (Neknominate, Februar 2014)	37
# 57	FC Bayern / VfB Stuttgart - Ein Vergleich am 19.2.2014	37
# 58	Vatertag 2014	38
# 59	Gebiertstagsbier	39
# 60	Ich freue mich	39
# 61	Geburtstagsgast	40
# 62	So schön	40
# 63	Bier-Vampir	41
# 64	Braukunst	41
# 65	Tief im Herzen	42
# 66	Denglisch	42
# 67	Bierküsse	42
# 68	Bier ist Bier!?	43
# 69	Anstoß	44
# 70	Abendbier	44
# 71	Dreisamkeit	45
# 72	Nur DICH	45
# 73	Zum Glück	46
# 74	Wochenendbeziehung	46
# 75	Lebensmotto	47
# 76	Sehnsuchtsvolle Vorfreude	48
# 77	Kosebier	48

# 78	Dreiecksbeziehung (Bier, Du, Ich)	49
# 79	Vorschlag	49
# 80	Prozent-Rechnen	50
# 81	Sentimentales I	50
# 82	Sentimentales II	51
# 83	Vom Schwimmen	51
# 84	Heut (ist mein Tag)	52
# 85	Weihnachtswünsche	52
# 86	1,2,3,4	52
# 87	Nikolaus mit Bier	53
# 88	Auftanken im Advent	53
# 89	Weihnachtsbiertraumbaum	54
# 90	Auf so Vieles	54
# 91	Happy New Year mit Bier	55
# 92	Schnaps	55
# 93	Zaubertrank	56
# 94	Alle Menschen sind…	56
# 95	Bier – parteiübergreifend	57
# 96	Biertraum	57
# 97	Volle Pulle	57
# 98	„The Leading Beers" – das Treffen der besten Biere 2013 in Amberg	58
# 99	Wahres	59
# 100	Die Beste	60
# 101	Bier und Arbeit	60
# 102	Zu viel des Guten	60
# 103	Gicht und Bier	61
# 104	Dickbauch	62
# 105	Vernünftig	62
# 106	Entspannen	63
# 107	Bierpause	63
# 108	Bier-Tipps	65
# 109	Biersinn	66
# 110	Auf das Leben	66
# 111	Saumäßig	67
# 112	Städtereise	67
# 113	Sommer	68
# 114	Zusammenhalt	68
# 115	Versuch eines Vergleichs Schule / Bier	69
# 116	Bier-Reime	69

# 117	Phoenix	70
# 118	Freunde	70
# 119	Außerirdischer Besuch	71
# 120	Bunt	72
# 121	Zuhause	72
# 122	Die Spelunke	73
# 123	Was wäre	74
# 124	Biersternstunde	74
# 125	Zweizeiler	75
# 126	Freibier und ich	75
# 127	Rot	75
# 128	Gegen Stress und Hektik	76
# 129	Manchmal ist weniger mehr	76
# 130	Leicht betrunken	77
# 131	Zu Dir	77
# 132	Schmeckt gut, tut gut	78
# 133	Wir	78
# 134	Lecker	78
# 135	Flammendes Herz	79
# 136	Relativ	79
# 137	Wichtig	80
# 138	Fass-, Flaschen-, Dosenbier	80
# 139	Erkenntnis	81
# 140	Versprechen	81
# 141	Fragen	82
# 142	Bierrunde	82
# 143	Bierliebesskala	82
# 144	Fort	83
# 145	Prost, Prost	83
# 146	Trink mit	83
# 147	Bierdurchlaufreaktor	84
# 148	Erfahrung	84
# 149	Biertrinkspruch für Nachtschwärmer	84
# 150	Frei-BIER! (Schlachtruf)	85
# 151	Die große Liebe	85
# 152	Speck weg	86
# 153	Durst nach Bier	86
# 154	Ganz und gar	87
# 155	Wunschlos glücklich	87
# 156	Auf Trab	88

# 157	Shakespeare	88
# 158	Biermärchen	88
# 159	Abgefahren	89
# 160	Naheliegendes	89
# 161	Bier-Zeitmaschine	90
# 162	Insekten	90
# 163	Mottos	91
# 164	Der Jäger	92
# 165	Vermisst	92
# 166	Ratschlag	93
# 167	Besondere Moleküle	93
# 168	Glück im Unglück	93
# 169	Laufspaß	94
# 170	Verzicht	94
# 171	Unter...	94
# 172	Wetter-Trink-Regel	95
# 173	Vom Trinken	95
# 174	Bier-Ba-Butzemann (moderne Version des Bi-Ba-Butzemanns)	96
# 175	Drogen	96
# 176	Träume	97
# 177	Maibock	97
# 178	Göttliche Vorsehung	98
# 179	Innere Werte	98
# 180	Famos	99
# 181	Bier schmeckt	99
# 182	Bierbrause	100
# 183	Zum Wohl!	100
# 184	Sehr gut	101
# 185	Bierhymne	101

Bisher sind von Alfred Reichel bei Books on Demand GmbH folgende Bücher erschienen:

Bier-Gedichte, 2012

Noch mehr Bier-Gedichte, *2013*

Bier-Liebes-Gedichte, 2013

Bier-Lyrik, 2014

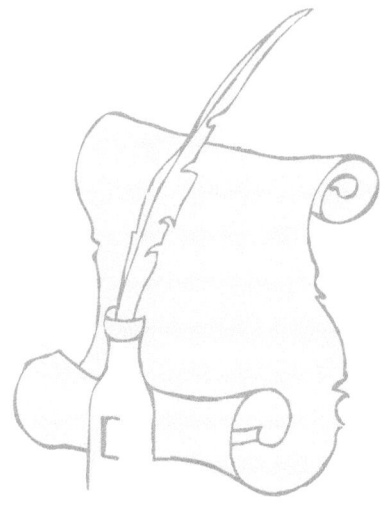